Mein großes BUCHSTABENLEXIKON
Lernspiele von A bis Z

Mit welchem Buchstaben beginnt dein Name?

Male den Anfangsbuchstaben deines Namens groß auf die Tafel und schreibe deinen Namen dazu!

2

der Abend

Wenn die Sonne untergeht, wird es Abend.
Dann gehe ich schlafen.

die Ananas

Die Ananas ist eine gelbe Frucht, die nur in warmen Ländern wächst.

der Affe

Der Affe lebt im Dschungel und kann gut klettern.

die Angel

Mit einer Angel angelt der Angler Fische.

die Ampel

Die Lichter der Ampel zeigen den Fahrzeugen und Fußgängern, was sie im Verkehr tun dürfen.

der Anker

Der Anker ist ein großer Haken, mit dem Schiffe auf dem Meeresboden festgemacht werden.

der Anzug

Ein Anzug ist ein Kleidungsstück. Jacke und Hose sind aus dem gleichen Stoff.

das Armband

Ein Armband ist ein Schmuckstück, das am Arm getragen wird.

der Apfel

Der Apfel wächst am Baum. Er ist sehr gesund.

der Arzt

Wenn ich krank bin, untersucht mich der Arzt.

die Apotheke

In der Apotheke holen wir die Medizin.

der Ast

Ein Baum hat Äste. Daran wachsen Blätter und Früchte.

Das A sieht so aus:

Wie ein Dach mit einer Stütze oder wie 'ne Zipfelmütze.

Schreibe das A nach:

Male jedes A mit einer anderen Farbe aus:

Welche Tiere fangen mit A an?

Benenne das Tier und achte darauf, ob das Wort mit A anfängt.
Wenn du ein A am Anfang hörst, kreuze das erste Kästchen unter dem Bild an.
Male dann das Tier aus. Kreise das A am Wortanfang ein.

die Banane

Eine Banane ist eine längliche, gelbe Frucht, die süß schmeckt. Auch Affen essen sie gerne.

der Besen

Mit einem Besen kehrt man den Fußboden.

der Bär

Ein Bär hat ein zotteliges Fell. Er frisst Pflanzen und Tiere.

die Biene

Die Biene ist ein kleines Insekt, das Nektar sammelt und Honig bringt.

der Berg

Auf einem Berg habe ich eine gute Aussicht.

die Birne

Birnen sind Früchte, die süß und saftig schmecken.

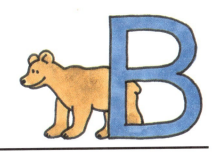

der Brief

Der Briefträger wirft den Brief in den Briefkasten.

die Brücke

Über den Fluss führt eine Brücke.

die Brille

Manche Leute brauchen eine Brille, damit sie genau sehen können.

das Buch

Mama liest mir aus dem Buch spannende Geschichten vor.

das Brot

Das Brot wird vom Bäcker gebacken.

der Bus

Mit dem Bus können viele Leute fahren.

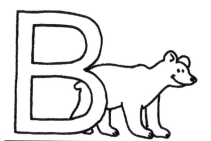

8

Das B sieht so aus:

Erst 'nen Strich und dann in Wogen zweimal einen runden Bogen.

Schreibe das B nach:

B B B

Vervollständige die angefangenen B:

B P | 3 b P | b |

3 | P b 3 | P | b

P B b | 3 b

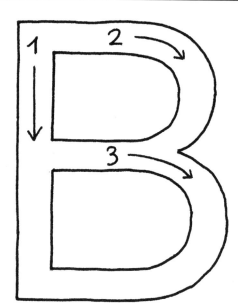

B b | P B 3

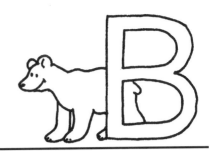

Sieh dir die Bilder unten an.
Nenne die Dinge beim Namen und achte auf das B am Anfang.
Wenn du es hörst, schreibe es an den Anfang des danebenstehenden Wortes.

Einen kleinen Fluss nennt man auch einen

_ACH.

In unserem Garten wächst ein großer

_AUM.

Im Wald wachsen viele

_EEREN.

Rätsel

Es ist das Kind meiner Mama. Aber ich bin es nicht.
Es ist das Kind von meinem Papa. Aber ich bin es nicht.
Es hat meinen Opa. Und meine Oma. Das find ich gemein.
Es ist nicht meine Schwester. Wer kann das sein?

(mein Bruder)

die CD

Eine CD ist eine kleine, runde Scheibe. Um sie anzuhören, brauche ich einen CD-Player.

der Chor

Wenn viele Leute miteinander singen, ist das ein Chor.

das Chamäleon

Das Chamäleon lebt in warmen Ländern. Es kann schnell seine Farbe verändern.

der Clown

Der Clown tritt im Zirkus auf. Er bringt die Leute zum Lachen.

die Chips

Chips werden aus Kartoffeln gemacht. Wir knabbern sie gerne.

der Computer

Mit dem Computer kann ich arbeiten und Spiele machen.

das Dach

Das Dach schützt das Haus vor Regen.

die Decke

Im Bett kuschele ich mich unter die Decke.

der Dackel

Der Dackel begleitet den Jäger auf die Jagd.

der Drachen

Im Herbst lassen die Kinder Drachen steigen.

die Dampflok

Früher zog die Dampflok den Zug. Sie fuhr gemütlich durch das Land.

das Dreieck
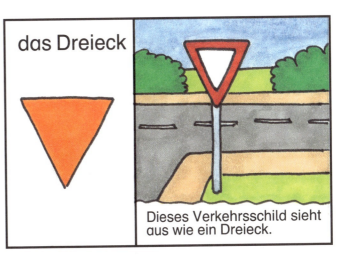
Dieses Verkehrsschild sieht aus wie ein Dreieck.

Das C sieht so aus:

Oben startest du die Reise
und gehst einmal fast im Kreise.

Schreibe das C nach:

Kannst du in den Bildern ein C erkennen? Male es nach.

13

Das D sieht so aus:

Erst 'nen Strich. Dann geht die Reise auf ein Neues halb im Kreise.

Schreibe das D nach:

D D D D

Hier ist ein Sack voller Buchstabenplätzchen umgefallen.
Bestimmt sind auch eine Menge D dabei.
Der Dackel isst sie am liebsten.
Hilfst du ihm die D suchen?
Kreise sie ein!

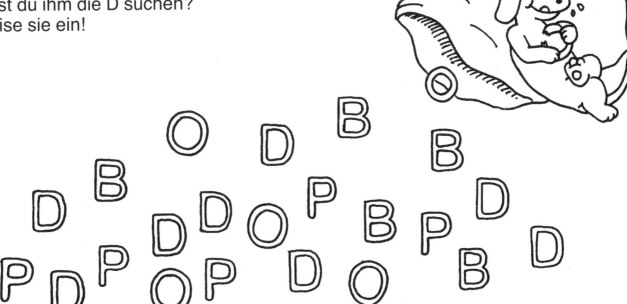

der Efeu

Der Efeu ist eine grüne Pflanze, die überall hochwachsen kann.

der Ellbogen

Mit dem Ellbogen kannst du deinen Arm beugen.

der Elefant

Der Elefant hat riesige Ohren und einen Rüssel, mit dem er Baumstämme heben kann.

die Elster

Dieser Vogel sammelt gerne glänzende Sachen.

der Elch

Der Elch lebt in kalten Ländern und frisst Zweige.

die Eltern

Mama und Papa sind deine Eltern. Sie haben dich lieb.

die Ente

Die Ente schwimmt auf dem Teich.

die Erdnuss

Viele Leute knabbern Erdnüsse vorm Fernseher.

die Erbsen

Die Erbsen sind ein gesundes Gemüse. Erbsen und Möhren schmecken besonders gut.

der Esel

Der Esel kann viel Gepäck tragen.

die Erdbeere

Die Erdbeeren sind rote, süße Früchte.
Sie wachsen im Garten.

der Eskimo

Der Eskimo wohnt am Nordpol und baut sich ein Iglu aus Eis.

16

Das E sieht so aus:

Zuerst kommt ein gerader Strich.
Oben hin die erste Sprosse,
dann die zweite und die dritte.
Kurz ist nur die in der Mitte.

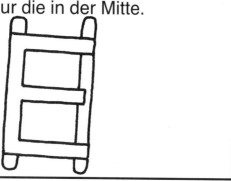

Schreibe das E nach:

Schau genau. Welches E ist richtig?
Streiche alle falschen E durch!

17

Hat der Elefant etwa alle Bildkärtchen zertrampelt?
Überlege, welche Bildteile zusammengehören,
und male sie in den gleichen Farben aus.

der Faden

Mit dem Faden näht man Knöpfe an.

das Fenster

Durch das Fenster scheint die Sonne ins Haus.

das Fahrrad

Mit dem Fahrrad kannst du zu deinen Freunden fahren.

der Fernseher

Im Fernseher laufen viele Sendungen für Kinder, die interessant sind.

die Feder

Der Schwan hat ein weißes Federkleid.

das Feuer

Im Kamin brennt ein warmes Feuer.

der Fisch

Im Aquarium schwimmen viele bunte Fische.

der Frosch

Der Frosch lebt am Teich und fängt Fliegen.

die Fledermaus

Die Fledermaus hängt sich tagsüber zum Schlafen an die Decke einer Höhle.

der Fuchs

Der Fuchs schleicht um den Hühnerhof herum.

die Flöte

Im Flötenunterricht spielen die Kinder Flöte.

der Fußball

Der Fußball soll im Tor landen.

Das F sieht so aus:

Das F sieht fast aus wie das E,
nur fehlt die dritte Sprosse – oje!

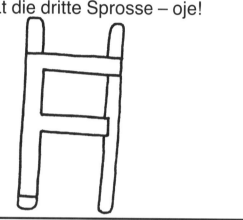

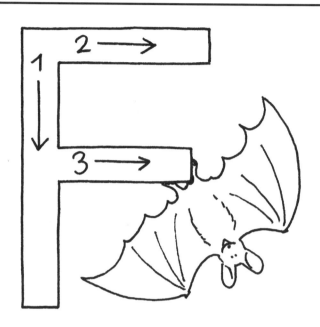

Schreibe das F nach:

Finde die passenden Reimwörter!
Zu jedem Wort mit F am Anfang gibt es ein passendes Reimwort.
Verbinde, was sich reimt.

FLIEGE	FLEDERMAUS	FACKEL	FISCH	FLÖTE

NIKOLAUS	TISCH	WIEGE	KRÖTE	DACKEL

Fünf Freunde

Da sind unsere fünf Freunde:
Fred, Frida, Fritz, Flori und Franz.
Sie spielen Verstecken.

Franz muss suchen.
Hinter dem Fass sitzt Fred.
„Ich hab dich!", ruft Franz.
„1, 2, 3 für Fredi!"

Da, beim Futterkorb
hat sich Frida versteckt.
„1, 2, 3 für Frida!", jubelt Franz.

„Fritz, ich hab dich!
Hinter dem Fenster
hab ich dich genau gesehen.
1, 2, 3 für Fritzi!"

Und wo ist Flori?
Er ist nicht zu finden.
Flori hat ein phantastisches Versteck
im alten Fahrradschuppen gefunden.

Flori flitzt aus seinem Versteck.
„1, 2, 3, ich bin frei!", ruft er.
Flori ist der Sieger.

Da hat sich doch noch jemand versteckt:
die kleine Fledermaus. Auf welchem Bild
findest du sie? Schreibe die Zahl in das Kästchen!

(Lösung: 5)

G

die Gämse

Die Gämse ist eine Bergziege. Sie kann gut klettern.

das Gebäck

Kuchen und Plätzchen sind süßes Gebäck. An Weihnachten backen wir Weihnachtsgebäck.

die Gans

Die Gans ist ein großer Vogel. Sie lebt auf dem Geflügelhof.

das Gebirge

Dort, wo viele Berge sind, ist das Gebirge. Man kann dort Ski fahren.

die Garage

Das Auto steht in der Garage.

das Gemüse

Möhren, Blumenkohl und Broccoli sind Gemüse. Es wächst im Garten.

G

das Gepäck

Wenn wir verreisen, haben wir immer viel Gepäck.

die Gräte

Der Fisch hat keine Knochen. Aber dafür hat er viele Gräten.

das Geschenk

Zum Geburtstag bekommst du ein schönes Geschenk.

das Gras

Das Gras ist grün und wächst auf der Wiese.

die Glatze

Gregor hat keine Haare auf dem Kopf. Er hat eine Glatze.

die Grille

Die Grille sitzt im Gras und zirpt laut.

24

Das G sieht so aus:

Halber Kreis und nun gib Acht:
Aufs Ende wird ein Dach gemacht.

Schreibe das G nach:

G G G

Schau, was hier fehlt. Schreibe es dazu.

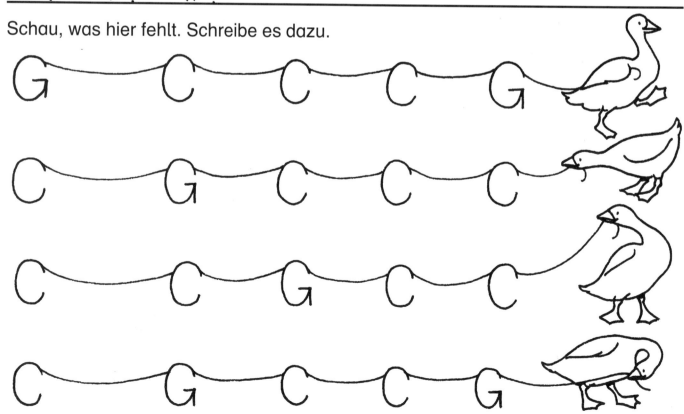

25

Rätselkiste

Was ist das? Das Lösungswort fängt mit G an.

Es wächst im Garten.
Es ist lang, grün und krumm.
Es ist ein Gemüse, aber man
kann es nicht kochen.

Es hat hinten einen Griff,
vorne mehrere Spitzen.
Man braucht es jeden Tag zum Essen.

Es ist ein Tier
mit ganz langem Hals
und lebt in Afrika.

Es ist ein Musikinstrument mit einem Hals,
einem Bauch und sechs Saiten zum Zupfen.

Die Leute erzählen sich manchmal, dass es in der Nacht kommt,
alle erschreckt und unsichtbar ist.

Lösung: Gurke, Gabel, Giraffe, Gitarre, Gespenst

Und was ist das?
Male das Lösungswort in das leere Kästchen.

Du brauchst es zum Trinken. Es ist das

Du brauchst es zum Bezahlen. Es ist das

Du brauchst es zum Anschnallen im Auto. Es ist der

Lösung: Glas, Geld, Gurt

H

der Hals

Hilde trägt ihre neue Halskette um den Hals.

das Haus

In der Großstadt stehen viele Häuser.

der Hamster

Der Hamster sitzt in seinem Käfig und nagt an seinem Futter.

die Hecke

In der Hecke bauen viele Vögel ihr Nest.

der Hase

Der Hase sitzt im Gras und frisst Klee.

die Heidelbeere

Heidelbeeren sind kleine, blaue Früchte. Sie wachsen im Wald an Sträuchern.

der Herbst

Im Herbst fallen die Blätter von den Bäumen.

das Holz

Das Holz kommt von den Bäumen. Daraus werden viele Möbelstücke gemacht.

der Herd

Wir kochen auf dem Herd. Er steht in der Küche.

der Honig

Die Bienen sammeln in ihrem Bienenstock den Honig.

das Heu

Getrocknetes Gras heißt Heu. Das Pferd frisst es gern.

der Hund

Der Hund ist ein guter Freund des Menschen.

28

Das H sieht so aus:

Wie zwei gerade Bäume im Wald,
dazwischen ein Ast, der gibt beiden Halt.

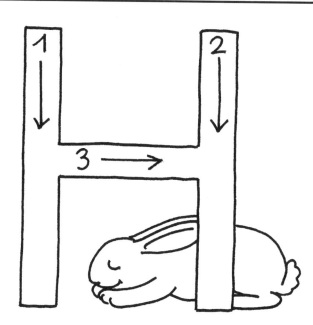

Schreibe das H nach:

Entdeckst du das H im Wald? Male es aus.

Heute ist Flohmarkt.
Hasen-Hans will alles haben, was mit H anfängt.

Hilfst du ihm beim Suchen? Male an, was zum H passt.

(Lösung: Hund, Hose, Hut, Hemd, Herz, Hefte, Handtuch)

der Igel

Der Igel hat viele Stacheln auf seinem Rücken. Er lebt im Gebüsch.

der Imker

Der Imker holt den Honig aus dem Bienenstock.

der Iltis

Der Iltis jagt gerne Vögel, Frösche und Fische.

der Indianer

Der Indianer lebt in Amerika. Manchmal trägt er einen Federschmuck.

der Imbissstand

Am Imbissstand hole ich mir eine Currywurst.

die Insel

Auf manchen Inseln wachsen Palmen. Rundherum ist nichts als Wasser.

die Jacke

Damit du nicht frierst, ziehst du eine Jacke an.

das Judo

Judo ist eine Kampfsportart. Die Sportler tragen farbige Gürtel.

der Jäger

Der Jäger geht mit dem Jagdhund und dem Gewehr auf die Jagd.

der Junge

Viele Jungen spielen gerne Fußball.

der Jaguar

Der Jaguar lebt in Südamerika. Er schleicht sich an seine Beute heran.

der Junikäfer

Nach Einbruch der Dunkelheit schwärmen im Sommer die Junikäfer aus.

32

Das I sieht so aus:

Das I ist nur ein gerader Strich.
Bist du fertig, freust du dich.

Schreibe das I nach:

Die Igel haben Hunger. Führe sie zu den Äpfeln.
Suche alle I und verbinde sie von oben nach unten mit einer Zickzack-Linie.

33

Das J sieht so aus:

Wie Tarzan schwingen,
herunterspringen,
nach oben fliegen –
viel Vergnügen!

Schreibe das J nach:

Findest du den Weg zu den Juwelen? Zeichne den richtigen Weg ein.

K

das Kamel

Das Kamel lebt in der Wüste. Die Menschen dort reiten darauf.

die Kanne

Die Kanne Kaffee steht auf dem Küchentisch.

die Kamera

Mit einer Kamera mache ich schöne Fotos von unserer Katze.

der Kapitän

Auf dem Schiff gibt der Kapitän den Matrosen die Kommandos.

der Kamm

Den Kamm brauche ich zum Haarekämmen.

die Kapuze

Mein Anorak hat eine Kapuze. Wenn ich sie aufziehe, werde ich bei Regen nicht nass.

die Kartoffel

Die Kartoffel wächst in der Erde. Gekocht schmeckt sie lecker.

die Katze

Die Katze fängt gerne Mäuse.

das Karussell

Das Karussell steht auf dem Rummelplatz. Es dreht sich im Kreis.

der Keller

Im Keller lagern wir alte Sachen und auch Lebensmittel.

die Kastanie

Im Herbst fallen die Kastanien von den Bäumen. Wir können damit basteln.

das Ketschup

Das Ketschup wird aus Tomaten gemacht. Es schmeckt gut zur Bratwurst.

36

Das K sieht so aus:

Schreib das I und such die Mitte.
Von dort geht´s hoch und runter, bitte.

Schreibe das K nach:

Male alle Felder aus, die ein K zeigen. Was erkennst du?

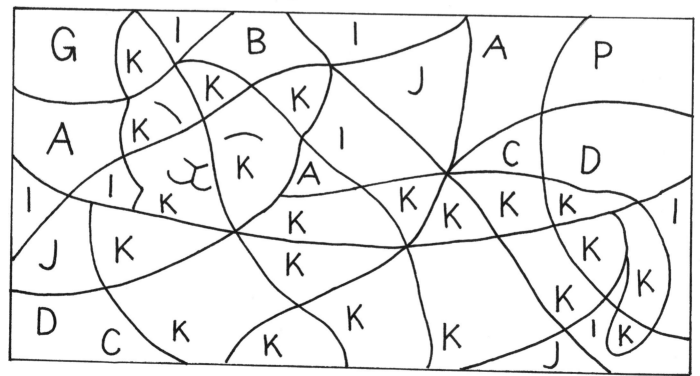

(Lösung: eine Katze im Körbchen)

37

Kurt, der Kaufhausdetektiv

Kurt kennt das Kaufhaus ganz genau.
Tag für Tag beobachtet er alles, was dort passiert.

Wenn jemand etwas klaut, wird er von Kurt garantiert erwischt.
Soeben hat Kurt zugeschnappt: Karlo, der alte Klauer, hat es wieder mal probiert.

Aber bei Kurt hat er keine Chance, zu entkommen.
Kurt hat sich genau gemerkt, was Karlo alles eingesteckt hat.
Und das ist auch gar nicht schwer, denn alle Dinge, die Karlo gestohlen hat,
fangen mit K an.

Welche sind es? Male sie an.

(Lösung: Kamm, Krawatte, Kette, Kerze, Kaugummi)

das Lagerfeuer

Im Lagerfeuer braten wir unsere Würstchen.

die Laterne

Die Laterne leuchtet in der Dunkelheit.

das Lasso

Der Cowboy schwingt das Lasso.

das Leder

Schuhe, Taschen und Gürtel werden oft aus Leder gemacht.

der Lastwagen

Der Lastwagen bringt die Lebensmittel zum Supermarkt.

die Leiter

Mit der Leiter kann man auf den Baum klettern.

die Lerche

Die Lerche singt im Flug ein schönes Lied.

der Löwe

Der Löwe ist eine Raubkatze. Er jagt andere Tiere.

das Lesebuch

In der Schule lernen die Kinder mit dem Lesebuch das Lesen.

der Luftballon

Für das Gartenfest ist alles hübsch mit Luftballons geschmückt.

der Liegestuhl

Im Urlaub liegen die Leute im Liegestuhl am Strand.

die Lupe

Die Lupe ist ein Glas, das kleine Bilder und Zeichen größer macht.

40

Das L sieht so aus:

Geh gerade nach unten
und um die Ecke.
Löwe Leo, sei keine Schnecke.

Schreibe das L nach:

Welchen Weg müssen die Schnecken hier gehen? Findest du ihn?
Male die Steine aus, die das L zeigen.

Der Löwe Leo will ein Spiel machen.
Spielst du mit?

Wer ist zuerst beim Laubwald?

Du darfst aber nur die Felder betreten, die ein Wort mit L am Anfang zeigen.
Nimm dir zwei Spielsteine, einen Würfel und beginne bei START.
Du fängst an. Würfle für Leo mit.

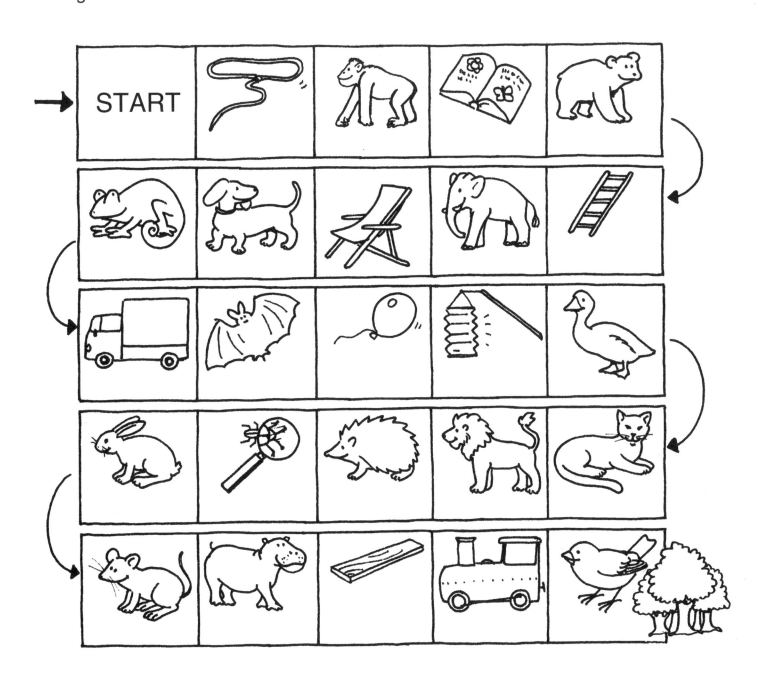

M

das Mäppchen

In der Schule haben die Kinder für ihre Stifte ein Mäppchen.

die Matratze

Im Bett liegt die Matratze. Darauf schlafe ich.

die Margarine

Die Margarine schmierst du auf das Brot. Darauf kommt Wurst oder Marmelade.

der Matrose

Auf dem Schiff arbeiten viele Matrosen.

die Maske

Marco verkleidet sich mit einer Monstermaske.

der Maulwurf

Der Maulwurf wühlt Gänge unter der Erde. Die Erde wirft er dabei nach oben.

die Maus

Die Maus wohnt in ihrem Loch und frisst gerne Käse.

das Messer

Mit dem Messer schneidet Mama den Kuchen an.

das Meer

Im Meer leben Haie und andere Fische.

der Mond

Wenn es dunkel wird, können wir am Himmel den Mond sehen.

das Mehl

Das Mehl wird aus Korn gemacht. Damit backt der Bäcker Brot.

die Mütze

Im Winter tragen wir eine Mütze auf dem Kopf.

44

Das M sieht so aus:

Steil bergauf, dann steil bergab,
wieder hinauf und wieder hinab.

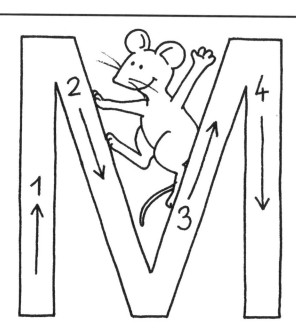

Schreibe das M nach:

M M M

Leseübung

Du kannst diese Buchstaben jetzt bestimmt schon lesen.
Versuche es. Sage den Laut und mache dazu einen Strich.
Sprich den Laut so lange, wie du zum Nachzeichnen des Striches darunter brauchst.

M A M A M A M A M A

A M A M A M A M A M

I M I M I M I M I M

Zum Lesen der Buchstaben hast du dazwischen immer eine Pause gemacht.
Probiere nun die Buchstaben ohne Pause dazwischen zu lesen.
Ziehe gleichzeitig den Strich darunter nach.

MA MA MA MA MA MA

IM IM IM IM IM IM

AM AM AM AM AM AM

Hörst du, wie sich die Buchstaben in ein ganzes Wort verwandeln?
Versuche es noch einmal:

M A M A   I M

M A M A   A M

M A M A   I M

M A M A   A M

die Nacht

In der Nacht leuchten am Himmel die Sterne. Dann schlafe ich.

die Nähmaschine

Mama näht mir mit der Nähmaschine ein schönes Kleid.

die Nachtigall

Die Nachtigall sitzt auf dem Baum und trällert ein schönes Lied.

der Nagel

Das Bild wird mit dem Nagel an der Wand befestigt.

der Nadelbaum

Manche Bäume haben keine Blätter, sondern Nadeln. Das sind Nadelbäume.

der Napf

Der Hund frisst aus dem Napf sein Futter.

die Nase

Mit der Nase kannst du an den Blumen riechen.

der Notausgang

Bei Gefahr dürfen die Leute hier aus dem Haus gehen.

das Nashorn

Das Nashorn lebt in Afrika. Es frisst Blätter und Zweige.

die Nummer

Beim Wettrennen bekommt jeder Läufer eine andere Nummer.

das Nest

Im Nest brüten die Vögel ihre Jungen aus.

die Nuss

Das Eichhörnchen knackt die Nuss.

48

Das N sieht so aus:

Steil bergauf, bergab, bergauf.
Nashorn Nico jammert: „Schnauf!"

Schreibe das N nach:

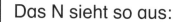

Male alle Felder aus, die ein N zeigen. Was erkennst du?

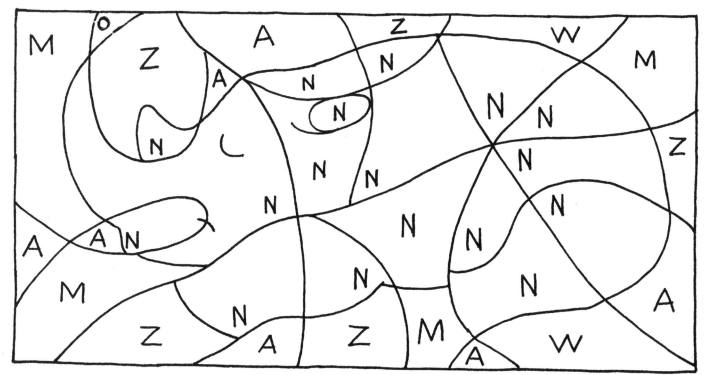

(Lösung: ein Nashorn)

Sieh dir die Bilder an.
Überlege, mit welchem Laut das Wort beginnt.
Trage den Anfangsbuchstaben ein.
Suche dann den gleichen Buchstaben unten und streiche ihn durch.
Wenn du fertig bist und alle Buchstaben unten durchgestrichen sind,
hast du alles richtig gemacht.

__ADEL __AGEL

__ASE __ACHT

__UND __AUS

__OND __ÄDCHEN

__ATZE __OCH

__UNGE __ACKE

N M N K M N K J J M M N

der Ober
Der Ober bringt im Lokal die Speisen und Getränke.

der Ofen
Im Ofen brennt das Feuer.

das Obst
Äpfel, Birnen und Kirschen sind Obst. Wir kaufen es auf dem Markt.

das Ohr
Das Elefantenohr ist riesig.

der Ochse
Der Ochse steht auf der Weide.

die Olive
Mama mischt die Oliven unter den Salat.

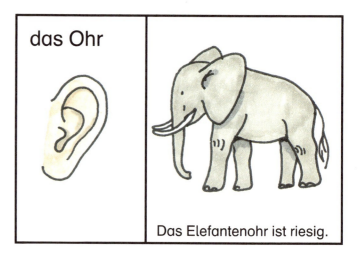

die Oma
Die Oma ist die Mama von meiner Mama oder meinem Papa. Sie liest mir gerne Geschichten vor.

der Orang-Utan
Der Orang-Utan ist ein großer Affe. Er lebt im Urwald.

das Omelett
Der Koch schlägt für das Omelett Eier in die Pfanne.

die Orgel
In der Kirche spielt die Orgel Kirchenlieder.

die Orange
Die Orange ist eine Frucht, die in warmen Ländern wächst. Sie lässt sich gut auspressen.

der Otter
Der Otter lebt am Fluss.

52

Das O sieht so aus:

Beim O drehst einmal dich im Kreise.
Das war 'ne ziemlich kurze Reise.

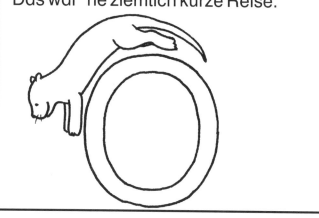

Schreibe das O nach:

Ziehe die angefangene Linie weiter von einem O zum anderen. Male alle O aus.

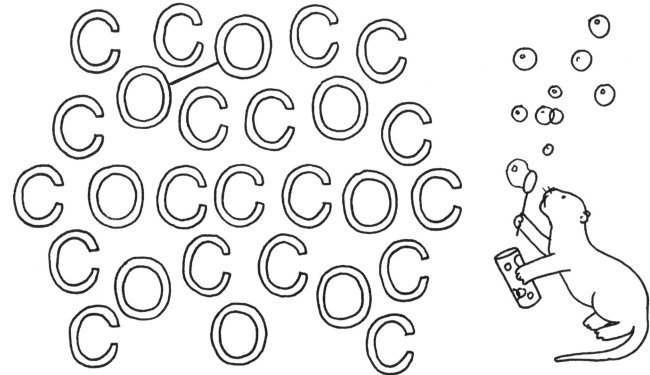

Finde den Unterschied!

Auf dem unteren Bild sind fünf Sachen anders. Findest du sie?
Die Begriffe beginnen alle mit O.
Male die Unterschiede bunt aus.

(Lösung: Ein Ohrring fehlt, das Obst in der Schale fehlt, das Ofenrohr ist andersherum, Oma fehlt, der Otter auf dem Bild fehlt.)

54

die Palme

Palmen sind Bäume, die in warmen Ländern wachsen.

die Pfeife

Mein Opa raucht manchmal eine Pfeife.

der Panther

Der Panther ist eine Raubkatze.

der Pilz

Im Herbst wachsen die Pilze im Wald und auf der Wiese.

das Pedal

Beim Radfahren trete ich kräftig in die Pedale.

der Pinguin

Der Pinguin lebt am Südpol. Dort gibt es sehr viel Eis.

die Qualle

Die Qualle lebt im Meer.

der Quark

Quark wird aus Milch gemacht und ist sehr gesund.

das Quadrat

Manche Bilder haben die Form von einem Quadrat.

die Quelle

Die Quelle ist die Stelle, an der der Fluss entspringt. Sie liegt oft im Gebirge.

der Qualm

Aus dem Schornstein kommt dunkler Qualm.

die Quitte

Im Oktober reifen die Quitten im Garten. Wir kochen daraus Kompott.

56

Das P sieht so aus:

Erst ein Strich
und dann ein Sprung
im Halbkreis nach unten
mit viel Schwung.

Schreibe das P nach:

Rätsel

Es lebt ein Tier weit weg von hier.

Es ist ein Vogel, läuft wie wir.

Es kann nicht fliegen, aber gehen.

Schwarz-weiß ist er, der . . .

(Pinguin)

57

Das Q sieht so aus:

Der Kreis vom O kriegt eine Pfeife.
Oder du malst dazu `ne Schleife.

Schreibe das Q nach:

Mache aus dem O ein Q.

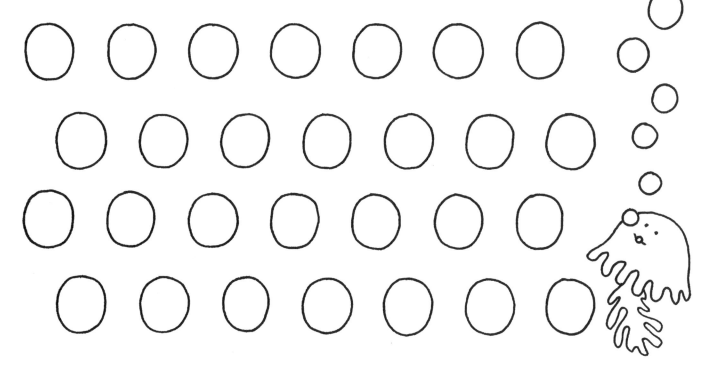

R

der Rabe

Der Rabe ist ein großer, schwarzer Vogel. Er findet sein Futter auf dem Feld.

die Raupe

Die Raupe frisst gerne Blätter.

das Rad

Der Schubkarren braucht Räder, damit er rollt.

der Regen

Der Regen macht alles nass. Die Pflanzen können dann gut wachsen.

die Rassel

Das Baby spielt gerne mit der Rassel.

das Reh

Das Reh lebt im Wald. Es ist sehr scheu.

R

der Rhabarber

Der Rhabarber schmeckt sauer. Man darf ihn nicht roh essen.

die Rübe

Die Rübe wächst auf dem Feld. Sie ist ein Gemüse.

der Ring

Der Ring ist ein Schmuckstück. Man trägt ihn am Finger.

der Rucksack

Der Wanderer trägt einen großen Rucksack auf seinem Rücken.

die Rose

Papa schenkt Mama rote Rosen zum Hochzeitstag.

die Rutschbahn

Auf dem Spielplatz steht eine riesige Rutschbahn.

60

Das R sieht so aus:

Erst 'nen Strich, dann geht die Reise
wieder einmal fast im Kreise.
Darunter eine schräge Stütze.
Wer das schafft, ist zu was nütze!

Schreibe das R nach:

R R R

Ronny sammelt Dinge mit R.
Welche Stücke gehören in seine Vitrine? Streiche durch, was nicht dazupasst!

(Lösung: In die Vitrine gehören die Rose, das Radio, der Ring, der Roboter.)

Zu welchem Anfangsbuchstaben gehört das Bild? Verbinde.

R

A

D

I

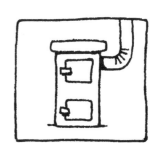

O

S s

der Sack

Der Nikolaus hat viele leckere Sachen in seinem Sack.

die Salami

Salami ist eine Wurst. Du kannst sie aufs Brötchen legen.

die Sahne

Sahne wird aus Milch gemacht. Sie schmeckt gut zum Erdbeerkuchen.

der See

Im Sommer fahren wir zum Schwimmen an einen See.

der Saft

Aus vielen Früchten kann man Saft zum Trinken pressen.

das Seepferdchen

Das Seepferdchen lebt im Meer und schwimmt aufrecht umher.

der Seestern

Der Seestern schwimmt im Meer.

die Socke

Dicke Socken halten die Füße schön warm.

das Segelboot

Das Segelboot wird vom Wind über das Wasser getrieben.

die Sonne

Die Sonne bringt der Erde Wärme und Licht.
Sie macht unsere helle Haut braun.

das Sieb

Mit einem Sieb mache ich feinen Pudersand.

die Sonnenblume

Die Samen der Sonnenblume sind Futter für die Vögel im Winter.

64

Das S sieht so aus:

Fang von oben an und winde dich so, wie die Schlange schlängelt sich.

Schreibe das S nach:

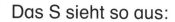

Trage das S in den leeren Kreis ein, wenn das Wort mit S beginnt:

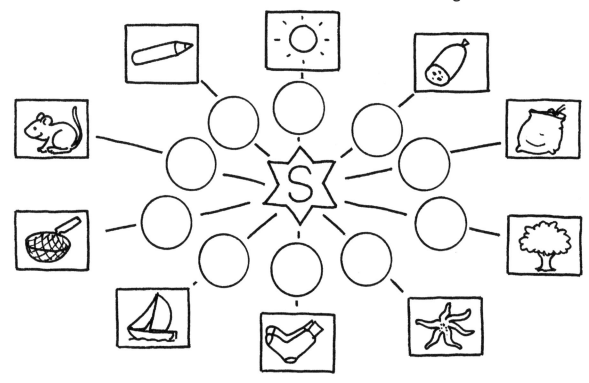

65

Sommer am See

Schau genau! Welche Dinge auf dem Bild beginnen mit S?
Die kleinen Bilder unten helfen dir.
Wenn du das Wort gefunden hast, darfst du ein S an den Anfang schreiben.
Male das Bild dann bunt aus.

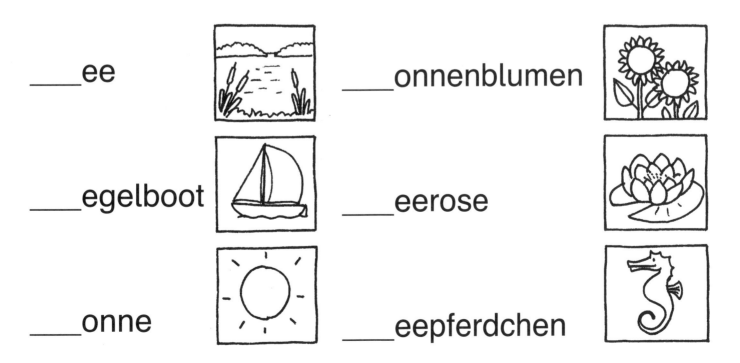

___ee

___onnenblumen

___egelboot

___eerose

___onne

___eepferdchen

der Tabak

Zigarren und Zigaretten werden aus Tabak gemacht.

die Tasche

Thomas packt für den Urlaub eine große Tasche.

die Tafel

Der Lehrer schreibt die Aufgaben auf die Tafel.

die Tasse

Aus der Tasse trinke ich meine Milch.

die Tanne

An Weihnachten schmücken wir die Tanne als Weihnachtsbaum.

die Taube

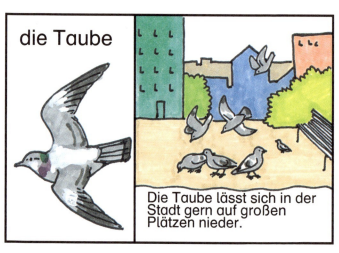

Die Taube lässt sich in der Stadt gern auf großen Plätzen nieder.

das Telefon
Am Telefon spreche ich mit meinem Freund, um mich zum Spielen zu verabreden.

die Traube
Die Trauben wachsen am Rebstock.

die Tomate
Die Tomaten sind große rote Beeren, die im Garten wachsen.

die Tulpe
Wenn der Winter vorüber ist, wachsen viele bunte Tulpen aus der Erde.

der Topf
Die Spagetti kochen wir in einem großen Topf.

der Turm
Die Burg hat einen hohen Turm. Früher blies der Wächter dort das Horn.

68

Das T sieht so aus:

Das T sieht so aus wie ein Turm,
es fällt auch nicht bei einem Sturm.

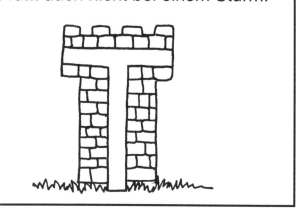

Schreibe das T nach:

Was fehlt hier? Male das T fertig!

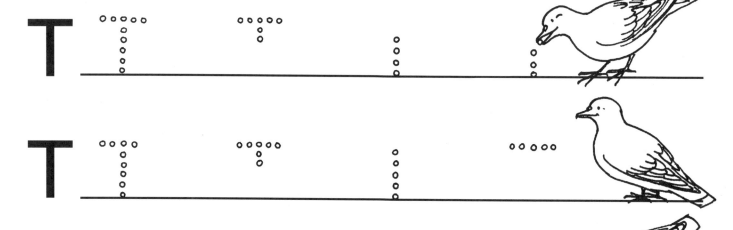

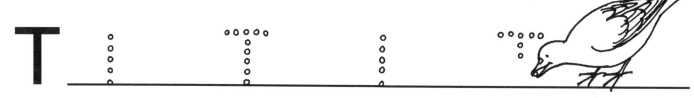

69

Wähle das richtige Reimwort aus den Bildern unten aus.
Male das Bild in das passende freie Feld.

U

das Ufo

Das Ufo ist ein unbekanntes Flugobjekt. Hast du schon einmal eines gesehen?

die Uniform

Der Polizist trägt eine Uniform.

die Uhr

Die Uhr zeigt uns, wie spät es ist.

das Unterhemd

Wenn es kalt ist, trage ich unterm Pulli ein Unterhemd.

der Uhu

Der Uhu ist ein Vogel, der tagsüber schläft und nachts auf Mäusejagd geht.

die Urkunde

Für gute sportliche Erfolge bekommen die Sportler eine Urkunde.

das Vanilleeis
Das Vanilleeis schmeckt vielen Leuten gut. Du kannst es in der Eisdiele kaufen.

das Vieh
Kühe und Ochsen sind Vieh. Es steht auf der Weide.

die Vase
Die Blumen stelle ich in eine Vase mit Wasser.

der Vogel
Der Vogel baut ein Nest und legt Eier hinein.

der Verband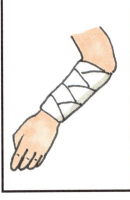
Nach seinem Sturz vom Fahrrad bekam Florian einen Verband.

die Vogelscheuche
Die Vogelscheuche steht auf dem Feld und erschreckt die Vögel.

72

Das U sieht so aus:

Wie die Ziegel auf dem Dach –
schreib das U genauso nach.

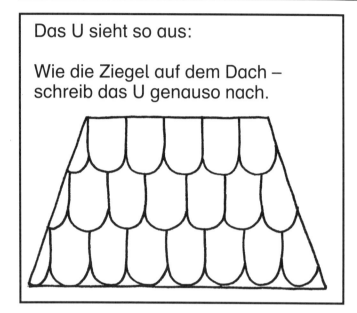

Schreibe das U nach:

Schmücke das Haus mit vielen U:

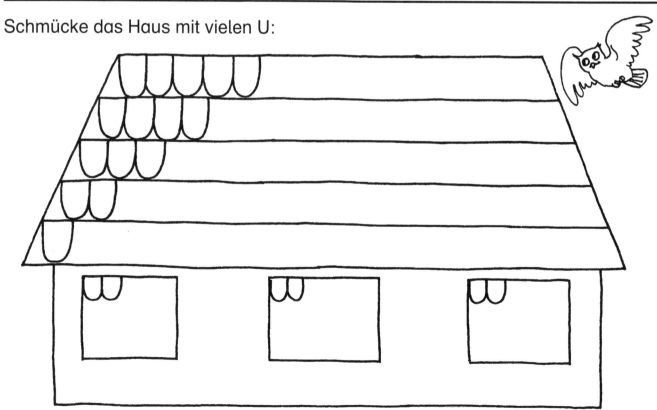

Das V sieht so aus:

Wie ´ne umgekehrte Mütze,
wenn sie fällt in eine Pfütze.

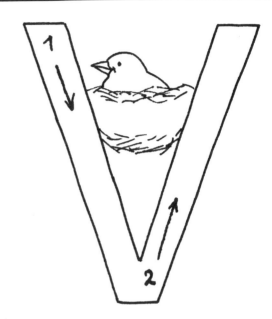

Schreibe das V nach:

V V V

Nenne die Begriffe und klatsche die Wörter, die du unten siehst.
Wie oft musst du für das Wort in die Hände klatschen?
Male genauso viele Punkte darunter aus.

Vampir

Vogel

Veilchen

Vase

Vieh

Vogelscheuche

W

die Waage

Die Waage zeigt genau an, wie schwer das Paket ist.

der Waschbär

Der Waschbär lebt am Fluss oder am See. Er kann gut klettern.

die Waffel

Im Waffeleisen können wir uns eine Waffel backen.

die Weinbergschnecke

Auf dem Gartenweg sehe ich viele Weinbergschnecken.

der Wal

Der Wal ist ein großes Säugetier, das im Wasser lebt.

der Weizen

Der Weizen wächst auf dem Feld. Aus ihm wird Mehl gemahlen.

das Werkzeug

Zum Arbeiten braucht der Handwerker Werkzeug.

die Wolke

Am Himmel ziehen sich die Wolken zusammen. Bald gibt es Regen.

die Weste

Die Weste ist eine Jacke ohne Ärmel. Man trägt sie auf dem Hemd.

der Wurm

Der Regenwurm gräbt sich seinen Weg durch die Erde.

der Winter

Der Winter ist die kälteste Zeit des Jahres. Wenn es schneit, bauen wir einen Schneemann.

die Wurzel

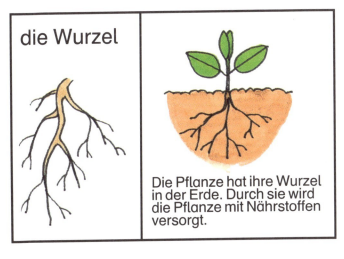

Die Pflanze hat ihre Wurzel in der Erde. Durch sie wird die Pflanze mit Nährstoffen versorgt.

Das W sieht so aus:

Das M macht einen Purzelbaum und ist ein W – ich glaub es kaum.

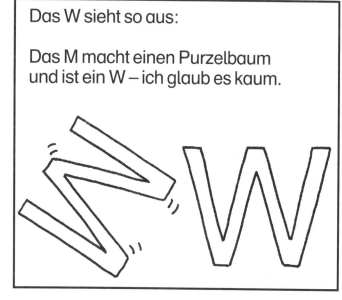

Schreibe das W nach:

W   w   w

Schreibe den Anfangsbuchstaben in das Kästchen.
Ein Bild passt nicht in die Reihe. Welches?
Trage den Anfangsbuchstaben dieses Wortes unten ein.
Wie heißt das Lösungswort?

(Lösungswort: gut)

Was beginnt mit W?

Sieh dir die Bilder an. Nenne die Dinge darauf beim Namen
und achte auf das W am Anfang.
Wenn du es hörst, schreibe es an den Anfang des daneben stehenden Wortes.

 Rehe und Hirsche wohnen im

___ald.

 Zum Arbeiten braucht der Handwerker

___erkzeug.

 Das Eis wird in der

___affel serviert.

 Wenn ich wissen will, wie schwer ich bin, gehe ich auf die

___aage.

 Eine Jacke ohne Ärmel ist eine

___este.

 Das Baby liegt in der

___iege.

 Damit ich pünktlich aufstehe, klingelt der

___ecker.

das Xylophon

Auf dem Xylophon spiele ich schöne Melodien.

der Zahnarzt

Der Zahnarzt schaut in deinen Mund. Er freut sich, wenn alle Zähne gesund sind.

die Yacht

Mit der Yacht machen reiche Leute eine Vergnügungsfahrt auf dem Meer.

die Zange

Mit der Zange zieht man die Nägel aus der Wand.

der Zahn

Mit den Zähnen können wir beißen und kauen.

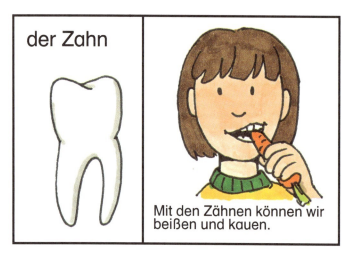

der Zapfen

Am Nadelbaum hängen viele Zapfen.